차로죽밥

에세이집 「보다 나은 세상을 위한 에세이」 출판기념회

대구정신 詩콘서트, 이병욱 시「수성못에 가면」

KBS1 TV 9시 뉴스, 이병욱 시 「따로국밥」 낭송

따로국밥

문장시인선 033 | 이병욱 시집

따로국밥

인쇄 | 2025년 5월 15일
발행 | 2025년 5월 20일

글쓴이 | 이병욱
펴낸이 | 장호병
펴낸곳 | 북랜드
        04556 서울 중구 퇴계로41가길 11-6, JHS빌딩 501호
        41965 대구 중구 명륜로12길 64(남산동)
        대표전화 (02)732-4574, (053)252-9114
        팩시밀리 (02)734-4574, (053)252-9334
        등록일 | 1999년 11월 11일
        등록번호 | 제13-615호
        홈페이지 | www.bookland.co.kr
        이-메일 | bookland@hanmail.net

책임편집 | 김인옥
기   획 | 전은경
교   열 | 서정랑

ⓒ 이병욱, 2025, Printed in Korea
저자와의 협의하에 인지를 생략합니다.

ISBN 979-11-7155-132-3 03810
ISBN 979-11-7155-133-0 05810 (e-book)

값 10,000원

문장시인선 33
따로국밥

山雲 이병욱 시집

북랜드

| 시인의 말 |

호두껍질 같은 나를
말랑말랑하게 해준
시의 힘
걸음을 똑바로 걷게 하는
시를 지으면서
걸어온 길을 뒤돌아보는
습관이 생겼다

예배드리는 어머니
새벽에 지나갔을
그 길, 호두나무 그늘에도
나름 존재하는 생명들
범어공원, 수성못이
또한 내 시의
오랜 친구인 것처럼

꽃 피는 봄날, 범어동에서

차례

| 시인의 말 | 9

01 / 남의 말 좋게 하자

해치고 날아오르는 … 16
가야의 아들 … 17
동해의 아들 … 18
고래와 호흡하는 이종선 … 20
보다, 무궁화꽃에서 … 21
나뭇가지에 앉은 새를 보며 … 22
화花사랑 … 23
곽병원 … 24
달술 … 25
혼술 … 26
삼천궁 … 28
해피 수성 … 29
IM뱅크 … 30
미도다방 … 31

02 고향 그리고 나

품 … 34
고향에서 … 35
관계 … 36
금성산의 후예 … 37
산운 … 38
문득 … 39
반성 … 40
봄, 산운을 가다 … 41
산수유꽃 … 42
무뚝뚝한 그놈 … 43
아내 … 44
외가의 가을 … 45
조문국召文國 가는 길 … 46
천사 … 48
청도에서 … 49
황소 … 50
감꽃이 노래할 때 … 51

03 내 고장 사랑

12월 … 54
가을 기도 … 55
감사의 힘 … 56
공원에서 … 57
까치밥 … 58
낮달 … 59
늦사랑 … 60
능소화 … 61
달성공원의 추억 … 62
대구에서 … 63
봄 … 64
새해에 띄운다 … 65
시장길에 들면 … 66
아픔이 또 아픔으로 … 67
유월 노래 … 68
장마 … 69
하루치 해가 … 70
팔공산 … 71
하산 … 72

04 수성을 노래하다

고모령 전설 … 74
고모령 … 76
고모역 … 77
따로국밥 … 78
범어공원 … 79
고독, 범어천의 … 80
섬에 있었다 … 81
수성못 연가 … 82
수성못에 가면 … 83
코로나19에 대하여 … 84
코로나에 대하여 … 85

| 해설 | 곁을 품어 안는 실천 의지의 시
　　　　박윤배 … 87

1
남의 말 좋게 하자

홰치고 날아오르는

닭과 연緣을 맺은 사내
박병욱 달인

거친 파도에 이리저리
부딪혀, 그 파도의 짠맛을 오롯이 아는
사람, 바닷가 몽돌 같은

하여, 방향 몰라 머뭇거리는 이웃에게
따스한 손을 내밀어주는 사람

박병욱 회장 그는 찜닭의 달인
멀리 날지 못하는 좌절에도
의욕을 불어넣어 주는

날이 밝기도 전에
바닥에서 홰치고 날아올라
어둠을 깨우는가

닭에게도
세상을 밝히는 빛이 있다는 걸
가장 먼저 알아버린 사람

가야의 아들
　　　- 조재구에게

철쭉꽃 만발한 만대산
새끼 거느리고 소리 없이
못물 가에 내려앉은 호랑이

윤슬로 번지는 따뜻한 온기
칭송은 밤낮으로 끊이지 않는다

가야의 지혜와 용맹으로 고령을 그리고
가야의 넓은 기품으로
백성을 품은 그를
사람들은 원님이라 따른다

팔공산 마주한 앞산 밑에
오늘도, 백호 한 마리
대명천지를 밝히고 있다

동해의 아들

(마음을 놓아버리면
 모든 착한 일을 잃어버리게 하지만,
 그것을 한곳에 모아두면
 이루지 못할 일이 없다)

왕피천 흘러내려 동해로 가고
금강송 일어나 하늘 향해
기도하니, 불영사 다섯 부처님 손길에서
힘찬 아기 울음소리가 들린다

세월이 흘러

그 아기는 인성과 법통을 배우고
세워진 돌탑 위에
부처님의 사랑을 독차지하니
수없는 사람들이 그의 손끝을 향한다

굽이치는 파도에도
몰아치는 폭풍우에도 한결같은

부처님 말씀에 신념을 더하니
세상이 맑아지더라

긴 평온이 오래 이어지더라

왕피천 끄트머리 바위에 서 있는
사내는, 오늘도 먼바다를 향해
민생의 노를 젓고 있다

고래와 호흡하는 이종선

거침없이 물살 가르며
헤엄쳐가는 세상의 그녀
그 치솟는 원동력은
한 마리 수염 푸른 고래다
광대무변의 고래의 혼이
흔들리는 바다를 그림 속에 옮긴다
꿈꾸는 그녀는 꿈틀댄다
건조한 대지에 푸우-푸
파잎 같은 물줄기 뿜어내며
오늘도 숨찬 고래 한 마리
심해의 비린내를 붓으로 찍어
커다란 화폭에 노래한다

보다, 무궁화꽃에서

님은
뜨거운 태양을 피하지 않는 무궁화입니다
조국의 꽃입니다
우아하고 덕성스런 깊이가 당당한
이 나라 산하를 염려하듯 지천에 내린 뿌리

하늘에 대하듯
님을 우러러봅니다

오르막 내리막 산책하며 바라봅니다
가슴 찡한 무궁화꽃입니다

단아한 무궁화꽃에서 발견합니다
박근혜님은 비바람 겪고 또 겪어
태양을 향하는 영롱한 꽃

오래도록 가슴 에입니다

나뭇가지에 앉은 새를 보며
- 권오금 회장님께

뿌리 깊은 나무가 된 그녀
후박 나뭇잎 저고리로 기워입고 나셨네

날아갈 듯한 한옥 처마에
살폿 버선발 디디며 서 있는 모습

새인가, 자칫 눈을 의심케 하네

이슬 먹고 피어난 들꽃 같은 그녀
허락 없이 내려앉은 새를 나무라지 않는 넉넉함

툭 내뱉는 말 또한 옥구슬 같네

화花사랑

꽃을 사랑하지 않는 이
몇이나 될까

꽃향기 좋아하지 않는 사람
얼마나 있을까

팔공산 자락에 꽃을 든 남자가 있다

세상 붉고 노란빛 감싸 안고
저리도 처절하게 꽃을 사랑하나

봄 새색시, 가을 새신랑
좋아라 어루만져
불그스레 꽃얼굴 피운 사내

오늘도 불로동 화사랑
치마폭에
작은 꽃씨 하나
눈길로 문질러 싹 틔우고 있다

곽병원

(대구 중구에는 특별한 병원이 있다.
 몸이 아프거나 말거나 마음이 아프거나 말거나
 병원 오는 사람들은 웃음으로
 회전문을 돌리고 있다)

어디가 불편하신가요
어떻게 아픈가요
왜 그러셨나요
필요하신 거 말해보세요
많이 아프셨겠어요

곽병원 사람들은
치료는 하지 않고 자꾸 묻기만 한다
나도 따라 물어본다
주사는 안 맞아도 되나요

자신이 아팠던 사실을 잊어버린 환자
처방전 한 쪼가리 들고
회전문에 떠밀려
병원을 나선다

달술
- 금복주 1

사회생활 하면서 처음으로
알게 된 금복주
두근거리며 만난 짝꿍처럼
온몸이 화끈거렸지
용기가 부족할 땐 용기를 주었고
절망에 주저앉을 때는
희망을 가슴 가득 부어주었지
눈이 펄펄 올 때도
비가 주룩주룩 내릴 때도
금이 들었고, 복이 가득 찬
금복주 한 잔

오늘은 달이 둥실 밝아서
아,
아무래도 그냥 자기는
틀렸다

혼술
- 금복주 2

사월의 저녁은
아무 일 없음이 더 싱그럽다

이런저런 약속들 다 물리치고
모란이 그리움처럼 벙근
적막의 뜰에 의자를 내놓고 앉는다

코로나로 갇힌 일상과
무거웠던 삶을 풀어놓고서
참소주 한 병을 맛있게 비운다

모르는 여자를 찬찬히 알아가는 것처럼
입술에 홀짝홀짝 소주잔을 대면
봄비도 두근거린다

친구가 와줘도 좋고 오지 않아도
그런대로 좋은 밤
맑디맑은 소주 한 잔이
폭포수처럼 떨어져 가문 목구멍을 적신다

〉
피우지 말지 망설이던 모란도
취했는지, 휘영청 달빛을 안고
온몸으로 달아오른다

삼천궁

범어로터리 한 켠에 있다

여봐라, 불러도 삼천궁녀 나타나지 않는
삼천궁 한정식집

진국 같은 주인장 인심
사람들마다 한 상씩 먹고 가네

가만 보면
음식에도 듬뿍 정이 들어있어
다시 또 찾고 싶은 그곳

겨울에도 봄기운이 가득한
대구의 한정식집

둘이 먹다가 하나가 죽어서
삼도천 건너가기 전에
꼭 되돌아보는, 잊지 못할 맛집

삼천궁을 아는가

해피 수성

(지혜롭고 사리에 밝은 사람은 즐겁게 살고,
 어진 사람은 오래 살아 장수한다 해서
 여기는 수성이네)

한반도 등들베기*에서 호랑이 한 마리 포효하고
그 호랑이 달구벌에 떡 하고 버티니
인자무적일세라

하늘만 알아본다는 용과 호랑이가
범어와 만촌 사이에 숨죽이고 엎드리니
인자한 사람들이 모여들어 성을 이루고
그 성 중심에 대권大權이 있었네그려

물고기 한 마리 용이 되어
범어천 오르는 네거리에 우뚝 서니
행복수성일세라

   * 등들베기 : 김대권 수성구 구청장의 고향 울진군.

IM뱅크

하루의 시작이 열린다
손끝 하나로 통장 문이 열리고
내일의 계획이 숫자 위로 피어난다
나는 IM

이름은 간결하하고 속은 깊다
복잡한 절차는 지나간 날
이제는 스마트한 터치 한 번이면
세상이 움직이는
나는 IM

당신의 호흡 가까이에서
따뜻한 말 한마디는
생활 속 지친 사람들 숨결 같다
사람과 사람 사이를 잇는 무한 신뢰의 꼭짓점
너는 IM

미도다방

반세기 커튼 사이로
햇살보다 먼저 들어선 목소리들
담배 연기 너머로 번진 시 한 줄
기억의 찻잔에 오늘도 떠오른다
낡은 의자엔 아직도 앉아 있는
시간의 여행자들
노련한 눈빛 붉은 벽엔 그림자처럼 남은
이름 없는 예술가들의 숨결이 있다
슬픔도 이곳에선 노래가 되었고
고단한 삶도 따뜻한 쌍화차 한 잔으로 녹았다
누군가의 시작이었고
또 누군가의 마지막이었다

미도다방, 그 이름은
지워지지 않는 연필 자국처럼
진골목 깊숙이 남아
예술을 품고 사람을 품는다

2
고향 그리고 나

품

금성산의 품에서 자란 나무들같이
금성산 자락이 뿜어내는 푸른 들
그 빛깔같이
나의 청년 시절은 오직 단호했다

조문국 그 넓은 품에서
작약꽃 같은 정열로
내 청춘의 한 시대는
수정사 계곡물처럼 청아했다

금성산을 오르내리며 단련된 정신
딴딴한 산 같은 뚝심을
힘차게 밀며 정의를 향해 나아감에
꺾이지 말자 다짐했다

고향에서

내 고향 산운에 눈이 내린다

오랜만에 발을 디딘 죄스러운 발자국을
조용히 덮어준다

나는 누구의 허물을 저 눈처럼 덮어줄 수 있을까

산천초목이 참 너그럽게 바람들을 안아주고 있구나

산다는 건, 앙상한 겨울 가지 끝에
홍시 몇 알을 남겨두는 것

얼어붙은 강 저 강바닥 피라미
해빙의 봄 기다리듯

여유와 관용을
고향의 품에서 깨닫고 있다

관계

손 놓고 돌아누우면 남남
허나 이들은
벽과 담쟁이

어렵고 힘들 때일수록 벽은 길이 되어주었다

당신이 오르는 하늘까지 기꺼이 붙잡아 주겠노라고
벽은 담쟁이의 길이 되어 주었다

아시나요, 담벼락에 작은 구멍을 내놓은 이유를

담쟁이 손
해진 구멍에 의지한 채 숨 가쁘게 오를 때
내 온몸은 초록으로 꽉 차오른다는 걸

아시나요

금성산의 후예

태초에 하늘이 열리고
공룡이 뻘밭을 산책하며 거닐던 곳

칠천만 년 전 중생대 백악기
제일 먼저 화산을 올려 천하에 알려진 곳

금성산 붉은 피 이어받은 피붙이는
벼슬에 벼슬을 거듭하여 우리를 찾게 하는 곳

소우당 운곡당 점우당 길목마다 산골마다
우국과 충절이 절절이 줄줄이 맺혀있는 곳

산과 구름이 조화를 이뤄 상서로운 기운이
집집마다 사람마다 정기로 이어지는 곳

비봉산 밑 후예들이 옹기종기 정을 나누며
각자 제 몫을 하며 핏줄처럼 이어지는 곳

아서라 아직도 끝이 아니다
금성산 다시 울 때까지 대를 이어 갈 것이다

산운

인류가 태어나기도 전에

주인이던 공룡들이 춤추던 땅

참 아름답고 평화스러운 곳 산운

조문국 경덕왕이 말 달려가던 이곳엔

흙에 공룡알 냄새 배어있다

산등성이에는 달그림자 배어있다

개울 위 물뜸이엔 머흘대는 구름

풀뿌리엔 향수가 젖어있다

사람들에게서는 인정이 배어 나온다

지금은 산도 들도 개울도 침묵 속에 잠겨 있다

세월의 무게를 어쩔 수 없었나 보다

마을 어귀에서 삽살개 한 마리가

반가이 꼬리를 흔들어 반긴다

여기가 내 고향 산운이다

문득

마음이 괜스레 흩어지는 날
두 손을 가지런히 모으고 기도하고 있는
당신의 뒷모습을 볼 때면
내가 마치 장맛비 뒤의 햇살처럼
맑습니다

풀밭의 야생동물처럼
자유롭게 뛰어다니다가도
그 풀밭이 되어주는 당신을 문득 생각합니다

때론 순한 두 눈망울에 물빛이 가득 고이고
파도에 쓸리고 닳아서 조약돌 같은 당신,

그런 당신에게 매일매일
알약 같은 사랑이 되어야 한다는 걸
뒤늦게 깨닫습니다

반성

나는 그녀에게
봄을 안겨주질 못했다

나는 수고한 그녀 가슴에
고운 가을 안겨주질 못했다
한아름
너른 품을 가졌어도
먼저 다가가지 못했다

늘 시선 무뚝뚝한 남자였다
나는

봄, 산운을 가다

내 고향 산운엔 금성산이

가장 먼저 봄을 맞는다

고향을 찾은 내 발등에 산 그림자가 머물면

풋내음 나는 나물들이 모두 일어나

박수를 치면서 나를 맞아준다

시냇물들이 모두 일어나 은비늘 버들치로

나를 맞아준다

소들 한가로이 꼬리 흔드는 가래짓에

달라붙은 파리 떼들도 나를 반긴다

실로 오랜만에 종다리 노랫소리가

정겹다, 평화다, 행복이다

정겨운 목청으로 내 고향 만세를 부른다

산수유꽃

돌담도 참 정겹구나
정겨운 그 돌담길 사이로 희망으로 피어난 산수유꽃
첫사랑 그 아이처럼 때론 뾰로통한 노란 꽃
이유 없는 질투 속에서 사랑을 느끼는 3월이어라

아~ 가진 것 없이도 가슴 벅찬
산운마을의 소박한 봄이여

무뚝뚝한 그놈

그녀가 아프단다
나에겐 첫 단추 같은 그녀
봄비같이 포근한 그녀가 아프단다

무뚝뚝한 경상도 사내
위로의 말 한마디 하려다가
자라 모가지처럼 안으로
쏙 집어넣는다

두 아이를 밤톨같이 키운 그녀
집에 들어서면 한 떨기 모란처럼
빛깔이 선명한 그녀가
언제부턴가 그 빛깔이 차츰 옅어지고 있었는데
나는 몰랐다

멀리 병원에 데리고 갈 동안 운전을 해줬을 뿐
핸들처럼 내 마음을 이리저리 돌리고 있었을 뿐

그녀에게 따뜻한 밥 같은 말
끝내 한마디 해 주질 못했다
아픈 나의 그녀에게

아내

내 아내는 눈 같은 사람이다
내가 잘못 들어선 길
바람 따라 흔들린 길
소리 없이 포근히 덮어준다

내 아내는 물 같은 사람이다
잔물결로 자박자박 따라와 주기도 하고
끝없이 나를 수평으로 밀고 가서는
어느 깊이에 물빛으로 반짝이게 하는

내 아내는 꽃보다는 잎 같은 사람이다
화려한 꽃이 아닌 푸릇푸릇한 잎으로
꽃대를 감싸주는

내 아내는 봄산 같은 그런 사람

외가의 가을

늙은 감나무와 멀뚱멀뚱 검둥이가
머무는 고요한 외갓집에도
가을이 찾아와 무르익습니다

할머니의 손길 없이도
스스로 알아서 익는 나무 위의 감들
돌담 위 호박도
스스로 눈치껏 누렇게 익고 있습니다

기운 없는 할머니를 알아차린 것일까요
햇볕을 불러들여
장독은 제 몸에 빛을 냅니다

그것들을 바라보는 재미로
그 집을 못 떠난다는 외할머니
마당 가에 심어둔 사루비아가
할머니 마음을 물들이고 있습니다

알전구 같은 붉은 감이
할머니 마음을 환하게 밝힙니다

조문국召文國 가는 길

    의성하고도 금성에 삼한시대의 부족국가였던 조문국의 흔적이 남아있다. 또 인류가 자리 잡기 훨씬 전인, 선사시대 이전의 공룡이 활개치고 주름잡던 흔적도 보인다. 그 길을 찾으려면 우선 지금은 인적조차 뜸한 간이역 탑리역塔里驛을 지나야 한다.

    탑리塔里란 국보 77호로 지정된 신라 오층석탑이 우뚝 서 있어, 탑리塔里라고 이름 붙여진 곳이다. 기적소리 울리면서 헉헉거리며 역으로 들어서던 증기기관차가 내뿜는 시커먼 연기가 지금 막 보이는 듯 착각하면서 그 길에 나 역시 흔해 빠진 시대의 산물인 승용차를 몰고 들어선다

    연륜이란 세월에 새겨진 나이테를 이름이던가. 그 연륜이 말해 주듯 장날이면 사람으로 붐비던 역이 연륜의 무게를 이기지 못하고, 견디어 내지 못하고, 지금은 간이역으로 떨어지고 말았다. 역사에 새겨진 열차 시각표에 읽어내리듯 하루에 한두 차례 지나가는 중앙선 무궁화 열차의 기적소리는 그 옛날 증기차의 기적소리보다

삭막하다

  열차가 들어와도 역사 안은 사람의 그림자를 찾기 어렵다. 문명이란 이름의 비늘조각은 정가로움이 가득 메워졌던 시골의 아름다움과는 이제 담을 쌓고 말았다. 시끌벅적하던 풍경은 이제 그 어디에도 없다

천사

날씨가 추운 날은
왜 그리 엄마가 더 생각나는지 모르겠다

흰 눈이 내리는 날에는
엄마가 성경책 끼고 새벽기도 가는 모습이
자꾸만 눈에 뽀드득 밟힌다

천사 천사 하고 말들을 하지만
나는 천사를 본 적 없다. 아, 그러나 왠지

하얀 한복차림에 마음 단아한 내 어머니
예배드리러 가는 그 모습이 천사가 아니었던가!

내가 때가 묻을수록 더 생각나는 하얀 이미지
그 천사가 지금
고향 선산에 환하게 계신다네

청도에서

가을바람이 헐티재에 올라서면
감나무들 발갛게 물들고 있다

내가 볼이 빨간 아내를 처음으로 만났을 때처럼

감이 풍요로운 청도가 고향인 아내와
마늘이 맵싸한 의성 사내가 용케 만났었지

하여 우리는 미나리처럼 파란 꿈을 키우며 산다
육쪽마늘처럼 아이들을 탄탄히 키우며 산다

알콩달콩 청도 하늘의 별처럼
빛을 잃지 않고 살아간다

황소

뚜벅뚜벅 황소의 걸음을 따라간다

빠르지도 느리지도 않은 보폭
튼튼한 골격의 저 수놈
이 수놈이 봐도 떡 벌어진 뒷모습
참으로 근사하다

그렇게 살리라 그렇게 변덕없이
묵직히 살리라
힘들지만 힘든 것들 다
속 깊이 저장해놓고

쓸쓸할 때 혼자 그냥 되새김질하리라

뿔이 나도 섣불리 떠받지 않고
뿔을 잘 다스리며 버티는
황소의 길을 묵묵히 가리라

감꽃이 노래할 때

오월이 열리고 통꽃
하얗게 노래할 때
운산의 꽃은 꿀벌을 불러 모은다
수천 수억의 촉수를 앞세운
꿀벌들 깊은 꽃 속을 음미하지만
활짝 열어 주는 꽃 감꽃은
작은 내 그림자를 안아 주었다

여보 당신의 꽃은 지금도
이 찬란한 반시 같아요

3
내 고장 사랑

12월

12라는 글자가 시비를 걸어온다
그동안 뭐 했냐? 한다

성긴 눈발이 싸늘한 창문에 치는 파동
저녁 불빛은 쌓인 회한을 나무란다

그나마, 기도하는 그녀 옆에 함께
손 모을 수 있는 나, 쓸쓸하지만은 않다고
꼿꼿한 숫자 1에 굽힌 2를 기대어 본다

이제는 내가 12월에, 1로 돌아가자고
공연히 시비를 걸어본다

가을 기도

나뭇잎을
차가운 날씨가
곱게 물들이듯이
엄마의 추웠던 날들이
황금빛으로 물들었으면
우리를 위해
묵직했던 엄마의 가슴도
이 가을만큼은
곱디곱고 가볍게
단풍 들었으면

감사의 힘

개그맨 전유성은
감사는 청도에서 감을 사는 것이라는데

촛불에 감사하면
전깃불이 생기고
전깃불에 감사하면
태양이 밝아 온다던데

오늘은 마누라 손 잡고
청도에 감이나 사러 갈까

공원에서

주택가 공원에 나이 든 이들만
운동기구에 매달려 있다
아이들 재잘대는 소리
웃음소리는 없고
놀이터의 어린 기구들은 혼자서 놀고 있다
기구 위에 올라가 다리운동을 하는데
고양이 녀석 오랫동안 나를 바라보고 있다
배가 고픈지 사람이 다가가 어루만져도
도망은커녕
날카로운 본능을 숨기고
살갑게 착 엎드린다
허기 앞엔 저토록 꼬리를 내리나 보다
사나운 발톱을 숨기고
사람과 교감하며 배를 채우려는
저 약삭빠른 도둑고양이
굶주린 배 채우고 나면
이내 도망갈 궁리여, 본능이여

까치밥

하늘도 높푸른 늦가을
가지 끝에 남아
몸을 익히는 홍시
보기만 해도
군침이 돈다

까치밥으로 남겨둬야 한다는
어른들의 사랑에
더욱 달콤하게 익어 가고

장대로 꺾어 먹어 보니
어느 하늘 아래 살고 있을
내 첫사랑
그녀 입술이다

낮달

걷다가
수성못에 빠진
달을 보다가
올려다본 하늘에
말간 낮달 하나

두 개의 달이
마주 보고 있음을 알았네

눈에 쏙 들어왔네

꽃피던 그 시절
첫사랑 해맑은
그녀도
달 속에서
출렁거리고 있었네

늦사랑

헬렌 켈러의 맘을 울렸던
노을, 그 붉음을 두고
나는 불구경하듯 했다
푸른 백지에 그린
금빛 언저리 흔적
심장을 그리던 그림을 멈추고
붓 놓는 손을
화가는 하늘에 씻고 있나
날마다 머릿속 자욱이
죄여 드는 햇살이
나를 목마르게 하더니
태우고 남은 불꽃
뜨거운 눈빛들 모아
가마솥 같은 하늘 바닥을
다시 달구고 있다

능소화

너는 화사하게 그냥 거기에 있어라
꺾진 못해도
보는 것만으로도 이미 너는 빛부신 꽃

한 계절 눈으로만
음미하다 놓쳐버린 그 꽃
꺾고 싶을 때 꺾어버린 꽃보다
훨씬 우월하다고, 말할 수 있나

능소화 따라가며
발로 이마로 꺾어버린
옛 담장 사이 골목길
추억들 생각하며
회한, 아련함 속에 잠긴다

달성공원의 추억

그리움 옆에 끼고
달성공원 한 바퀴 돌다 보면
눈물이 고인다
어느 나무 어느 벤치에
너와 앉았던 곳
꽃이 필 때도 꽃이 질 때도
너와 함께했었지
동물원의 공작새 날개처럼
꿈을 펼쳐 보였던 청춘
이상화 시비 앞에서
시를 조곤조곤 읊었던 우리
오랜만에 찾아온 추억의 달성공원 역사 속에서
키다리 거인 아저씨도 그립고
공원을 거닐며 꿈을 이야기했던
그때 그 순간이
아득하다

대구에서

가마솥더위에 익힌 솜씨
윽! 하는 솜씨로 이겼다
벌겋게 화난 태양
돌아갈 줄 모르고
물컹거리는 검은 아스팔트
계란도 삶을 듯하다
할 일을 다 했다고
늘어진 팔공산
한줄기 신천이 내 편이다
인색한 햇볕에 떨던
과거도 있었지만
올해도 일등 여름 지키려나
놋그릇 막걸리 한 잔에
추억을 씹고
죽부인과 함께 밤을 보낸다

봄

왠지 기쁜 소식이 올 것만 같다

길을 걸어가는데 파란 하늘이 눈에 꽉 차고
노란 후리지아 향기가 가슴에서 후후- 피어난다

봄,
정 많은 누님 같아 좋긴 하다만
두근거리는 이 감정

왠지 나는 두렵다

새해에 띄운다

배 나아갈 때 천 개 이랑이 이는 것처럼
묵은 마음을 새해에 띄우니, 물이랑이 파동 친다

배를 띄우기도
뒤집기도 하는 저 물처럼
양면성의 나
첫날에 한 번 되돌아본다

헌 옷 벗어 던지고 새 옷 입은 봄처럼

새해 아침의 이 맑음이 연처럼 하늘 높이 펄럭인다
배냇짓 하는 애기마냥
웃음과 표정도 순한 새해여

네가 먼저 언 손을 내밀었으니
내가 따뜻이 호오 불어줄게

시장길에 들면

몸에 힘 빠지고
마음이 허전할 때
혼자서 걸어보는 시장길
선생님의 가르침이
여기에 다 있다

아버님의 꾸지람도 듣는다

어머니의 사랑도 볼 수 있다

시끄럽고 복잡한 시장길
막혀있던 귀만 잘 열어둔다면
뜨겁고 싱싱하다

힘 불끈 솟아나게 한다

아픔이 또 아픔으로

골골이 내리뻗는 산맥은
늙은 호랑이 등줄기 무늬 같지만

밀양 얼음골 뿜어내는 냉기는
오랜 세월이 할퀸 아픔이다

누가 내 상처를 저기에 새겨 놓았나!
보는 눈이 시려와 더는 볼 수 없음이
또 다른 아픔인가

넘어온 만큼 넘어가는 구름은
언제 저 깊은 상처를 메워줄까

수술로 갈라놓은 허벅지
살점 파인 시커먼 상처를
억새는 언제쯤 흰 연고 발라줄까

유월 노래

장미꽃 검붉은 피 흘리며
끌려가던 날
16세 소년은 땅바닥만 보며
그저 그저 따라나섰다네
전쟁이라는 선생님의 말씀이 무엇인지도 모르고
물비늘에 살 베이듯
감각도 없는 하늘만 보며 걸었다네
귓전을 때리는 포성도
앞이 보이지 않을 포염도
두려움 없이 나도 모르게
어깨엔 키보다 큰 총 한 자루가
진한 감정을 꾹꾹 눌러
소년병이란 이름으로
또래의 주검을 보았다네
유월은 지금 유월은 장미꽃 떨어져
강물도 붉게 적시는 시절이었다네
내 눈도 붉게 물드는 날
슬프게 푸르른
하늘만 바라보네

장마

장대비를 몇 날 며칠 쏟아내더니
이제 격한 감정을 추스르듯이
숨 고르기를 하는 낮은 하늘
기다리면 이렇게 지나가는 비
기다리면 습한 내 삶도
긴 장마 끝에 통풍이 될까

거리엔
비 맞아 더러는 잡념처럼 떨어져 나간
잎새들도 있지만
견디고 견딘 잎새들은
지난 악몽에서 벗어나 한결 새파랗다

하루치 해가

술로 하루를 시작한다면
고달픈 시간 쉬 넘어가겠지요

술 마시는 시간이 행복이었다면
그 또한 술時겠지요

술이 나에게 좋은 詩라고 노래해준다면
이 또한 술時만의 詩겠지요

가로등 눈 커지고 발걸음 작아지는 지금
술시*에 앉아 곱고 부드러운 그녀 음미하면서
하루치 詩를 쓰고 있는 지금

그것이 술時 아닌가요

   * 달서구 본동에 있는 작은 주막

팔공산

칠곡, 영천, 경산과 나란히 어깨를 맞대고
조용히 화합하고 있는 팔공산
그런 너에게 닿으려고 새벽부터
찌든 때를 씻었다
너는 만날 때마다 신비주의
아름다운 성자라고
때론 자애로운 어머니처럼 품어주었지
그 높이까지 땀 흘려 올라서면
저 산 아래로 절망은 벗어던지게 한다
운무에 가려있던 꿈을 보여주고,
저 멀리 이마를 맞댄 낮은 마을도 보게 하는
광활한 팔공산이여
간절한 기도들이 촛불 앞에 뚝뚝 떨어질 때
바람도 기도 중인지,
풍경소리 고요하다

하산

내려오는 산길
왜 이리 가벼운지 모르겠다

나를 끌면서 올랐다가
나를 털어버리면서
내려오는 산길

욕심 10킬로 버리고
미움 10킬로 쏟아버린 것이다

정상에서 내려오는 길이
발아래 훨훨 난다

4
수성을 노래하다

고모령 전설

　천하제일 힘이 센 형과 아우가 돌과 흙을 쌓아서 만들었다는 형제봉. 처음엔 아우가 쌓은 봉우리가 높았지만, 형이 아우 몰래 아우의 봉우리 위에 올라가 밟아서 낮추는 바람에 지금은 형의 봉이 더 높다. 급기야 두 형제가 심하게 싸웠고 어미는 아이들 싸우는 모습 보고 집을 떠났다 한다. 이때 두 아이가 쌓아놓은 봉우리를 보는 고개라 하여 고모령顧母嶺이라 했단다

　언제부터인지는 지난 시간을 돌아보는 날이 많았다

　꽃이 만개했던 시절
　상처투성이였던 시간
　아직도 상처를 안고 있는 시간

　아무리 돌아보아도
　꽃피던 기억보다
　아파서 허우적대던 기억이 먼저 떠오른다

　하루는 산을 오르며 생각해 본다

〉
아직도 나를 돌아볼 시간 있다는 게
고모령 아닐까

고모령

한 번 스친 인연이었을 뿐인데
고모령이란 네 이름이 내 가슴에 남아
왜 이리도 짠한가
이별 후엔 미련 쪽으로 돌아보지 말아야 하는데
못다 해주고 떠나보낸 사랑처럼
이다지 날 돌아보게 하는가

지독히 그리운 추억으로 남아
날 또다시 그 고갯마루에 서성이게 하는가

기차 소리 가을비에 젖어 착 감겨오면
난 어떡하라고 고모령이여
추억을 안고 우는 간이역이여

어느샌가 고모령엔 비가 내린다

고모역

아무것도 두고 온 것도 없는데 나는 왜
소중한 무엇을 찾으러 온 것처럼 플랫폼을 서성대는가

이별의 아픔을 앓고 나서
깊은 상처를 안고 있는 적막뿐인 고모역에
제 상처를 들여다보듯, 아프게 폐역을 바라보는 사람들

그 후유증이 참, 길다

위로해도 이미 끝나버린 인연처럼
레일은 다시 한번 설레지 못하고 길게 누워 있다

따로국밥

얼큰한 국밥 한 뚝배기 드시고 가이소!

어둠 속을 휘돌아온 절망을 거뜬히 넘어선 당신께
국물이 진국인 국밥 한 뚝배기 권하고 싶어요

얼큰한 국물에 밥 말아서 후룩 후르륵 넘기고 나면
아무것도 두렵지 않아요, 힘이 불끈 생길 뿐

범어공원

범어공원 숲길을 빈 마음으로 걷노라면
아리고 완숙한 향기가 손을 잡고 따라온다

지친 마음을 다독이며 맥문동이 하늘거린다

내 집 가까이 있어서 큰 부자가 된 나는
자작나무를 쓰다듬으며
하늘에게 감사 드린다

나무 벤치에 앉으면 콧노래가 걸어오고
새들이 포르릉 날아와서 추임새를 넣어준다

그럴 때면 나 여기 공원에서
풀잎처럼 푸릇푸릇 다시 살아난다

고독, 범어천의

밥숟가락 들기도 힘든 날
시집 한 권 거머쥐고 범어천을 걷는다

나보다 먼저
영춘화, 무늬억새 사색을 펼쳐 들고 시를 읽고 있다

마음 씻어 주며 흐르는 물소리
언제든 안아주는 고향 같다

수성교 밑 징검다리는
떠내려가는 내 그림자 붙잡으며
시 한 편 읽고 가란다

섬에 있었다

나는 지금 섬에 갇혀 있다

눈이 와서 갇힌 것도 아니고
비가 와서 피한 것도 아니다

일면식도 없는 독한 고것이 나를 틈틈이 엿보고 있어
아예 책잡히지 않으려고
네게 꽉 물리지 않으려고
나는 지금 나와도 적당한 거리를 두고 있다

밖으로 달려 나가고 싶은 마음 채찍질하며
엎어지고 곧잘 자빠지는 나 살살 달래며

참자!
참자, 또
참아야만이 독한 것에 발목 잡히지 않는 거라고

어쨌거나, 성찰할 시간 부여해주어
참으로 고맙다 코로나

수성못 연가

변변한 쉼터가 없던 시절
잔잔한 물가에 앉아
발을 담그면 사알짝 간질여 주던 너
하여 좋은 벗이 되어 주었지

그 둔치에서
우리는 사랑의 밀어를 주고받았었지
그가 밀어가 익을 즈음
너는 우리들의 안식처

놀이터 쉼터가 쏟아져
내린 지금에야, 너는 우리 가슴 깊은 곳의
아른한 향수 속에 자리한
영원한 리베로여라!

엄마의 품처럼 아름답고 포근한
그 이름 수성못

수성못에 가면

수성못에 가면
거기 낭만이 있다
그 낭만을 주워 담아
우리는 낭만을 열어간다

수성못에 가면
거기 사랑이 있다
그 사랑을 주워 담아
우리는 사랑의 밀어를 속삭인다

수성못에 가면
거기 추억이 있다
그 추억을 주워 담아
우리는 추억을 노래한다

수성못에 가면
거기 포근함이 있다
그 포근함을 주워 담는다

품속 따듯한 우리의 어머니
심장 뛰는 소리 만끽한다

코로나19에 대하여

대낮 거리가 적막하다

봄이 이토록
아픈 건 처음이다
사람 좋아하는 내가
2미터 거리를 두고
당신을 긴장하며
바라봐야만 하다니!

코로나에 대하여

코로나가 오고부터
당신의 존귀함을 알게 되었다
당신이 우리 집 꽃이란 걸
깨닫게 된 것도
코로나19가 봄바람과 함께
다가오고부터이다
무슨 큰 이유가 있어서가 아니라
그저 문 열고 웃으며
들어오는 당신의 귀가가 참으로 감사하다
밥 짓고 청소하는
소소한 당신의 모습이
이토록 눈물 나게 감사하다
그걸 무언으로 가르쳐준
코로나19, 바로 너는
하루를 기도로 시작하게 하는
주위를 돌아보게 하는
양면성의 바이러스다

| 해설 |
곁을 품어 안는 실천 의지의 시
박윤배

해설

곁을 품어 안는 실천 의지의 시
- 이병욱 시집 『따로국밥』에 부쳐 -

박윤배 | 시인

 시인의 시를 읽어 내려가는 동안 "가장 지역적인 것이 가장 세계적인 것이다"라는 말이 문득 뇌리에 스친다. 막연함이 아닌 실천가로서의 시인은, 그의 곁에 있는 사람, 사물, 혹은 그가 몸을 담고 있는 지역사회에 대한 지극한 사랑을 보여주고 있다. 태어난 고향이 그의 원초적 배경이라면 현재 그가 거주하고 있는 대구라는 지역의 장소들이 경험과 맞물려 이야기 되고 있다. 그러면서도 자신의 감정과 반성을 수반한 고백을 게을리하지 않는다. 자신이 쓰는 시의 방향 그 서두에 거울을 두고 있는 것은 진솔함이다.
 다시 말하면 가장 자기적인 것이, 가장 지역적인 것

이고 그 지역을 바탕으로 보고, 듣고, 느낀 것을 묘사와 진술을 통해 드러내다 보면 세계적인 시가 될 수도 있다는, 그의 생각은 시의 거울에 들어 조각조각 나름의 빛을 발하고 있다. 현대시의 시류에 휩쓸리지 않으면서 다소 문학적으로 거칠기는 해도 때 묻지 않은 자신만의 세계를 엮어낸 시들은 장점으로 읽히기도 한다. 우선 시집 자서를 통해 시인이 꿈꾸는 세계란 무엇인가를 살펴보기로 하자.

> 호두껍질 같은 나를
> 말랑말랑하게 해준
> 시의 힘
> 걸음을 똑바로 걷게 하는
> 시를 지으면서
> 걸어온 길을 뒤돌아보는
> 습관이 생겼다
>
> 예배드리는 어머니
> 새벽에 지나갔을
> 그 길, 호두나무 그늘에도
> 나름 존재하는 생명들
> 범어공원, 수성못이
> 또한 내 시의
> 오랜 친구인 것처럼
>
>   -「시인의 말」부분

2025년 꽃 피는 봄날에 쓴 시인의 말에서 자신을 호두에 비유하고 있다. 그냥은 쉽게 깰 수 없는(알맹이를 꺼내주지 않는) 호두가 자기 자신인데 그런 자신을 말랑하게 해준 그건 "詩이다"라는 고백이다. 이는 시가 지닌 감성의 세계를 알아가면서 자신이 감성적인 인간이 되었다는 고백의 다름 아닐 것이다. 이미 시골에서 성장 과정을 거친 것으로 보이는 시인은 아마도 자연친화적인 심성을 지녔을 테지만, 각박한 현실을 살아가면서 팍팍함에 익숙해졌는지도 모른다. 그러다가 어느 시점에 자신을 뒤돌아보면서 자의일 수도 있고 타의에 의해서일 수도 있겠지만 시를 접하게 되고, 알게 된 것으로 보인다.

 딱딱한 남성적 기질에 감성의 외투가 걸쳐지면서, 세상을 살아가는 데는 부드럽고 말랑한 것도 큰 힘이 된다는 것을 알게 된 것이다. 이때 길을 똑바로 걷게 하는 걸 가르쳐 준 것도 시의 힘, 즉 덕택이라 말하면서 걸음을 똑바로 걷게 하는 "걸어온 길을 뒤돌아보는/ 습관이 생겼다"라는 고백은 그의 시가 다분히 과거로부터의 반추rumination를 통한 고백적 결을 가지고 있음이 짐작된다. 반추라는 말을 좀 더 사전적인 의미로 해석하면 반추反芻는 (1) 지난 일을 되풀이하여 기억

하고 음미함, (2) 소, 사슴, 양, 염소 따위가 한번 삼킨 음식을 위 속에 저장하였다가 토해낸 되새김인데, 이는 앞만 보고 달리기에 급급인 현대인에게 있어, 여유로움 또는 소소한 회상을 통해 안식의 효과를 얻는 일종의 지혜로운 행위일 것이다. 그런 자신의 배경에는 호두나무도 있지만 그 호두나무 아래로 자식의 안위와 복을 비는 어머니의 발걸음이 무수히 지나갔을 것이고, 그 발걸음에도 눌려 죽지 않는 개미며 일종의 생물 미생물들의 생명이 얼마나 소중한지, 시인은 알고 있다. 나무가 주는 그늘이 얼마나 값진 것인지에도 깊은 사유를 들이밀고 있다. 그러한 결과물들이 이 시집 속의 시들이라고 그는 시인의 말에서 넌지시 밝히고 있다. 그러면서 빼놓지 않는 것은 범어공원, 수성못이 내 시의 "오랜 친구인 것처럼" 오래 시를 쓰게 하는, 시를 사유하게 하는 공간이었음을 덧대어 밝히고 있다.

    손 놓고 돌아누우면 남남
    허나 이들은
    벽과 담쟁이

    어렵고 힘들 때일수록 벽은 길이 되어주었다

    당신이 오르는 하늘까지 기꺼이 붙잡아 주겠노라고

벽은 담쟁이의 길이 되어 주었다

아시나요, 담벼락에 작은 구멍을 내놓은 이유를

담쟁이 손
해진 구멍에 의지한 채 숨 가쁘게 오를 때
내 온몸은 초록으로 꽉 차오른다는 걸

아시나요

- 「관계」 전문

 잔뜩 피어난 라일락이 담장과의 관계 속에 경계를 넘어오며 거친 숨을 토해 내는, 인가의 골목길을 살금살금 걸어가는 길고양이에게도 자기만의 영역이 있다. 다른 이웃의 고양이가 넘어오는 것에 이를 드러내고 발톱을 세운다. 이처럼 동물의 세계도 그러하듯이, 대개의 시인 또한 그러하듯이 이병욱 시인에게도 '곁'을 소중하게 생각하는, 유별난 그의 사랑법이 이 시집에는 시의 언어로 녹아 있다. 그를 둘러싼 인물들 그리고 장소와 사물들에 대한 특별한 어떤 애증이 이번 시집인 것이다.
 시 「홰치고 날아오르는」에서는 닭과 연緣을 맺은 사

내 박병욱 달인을 형상화하면서 단순한 그의 소개를 넘어 그가 지닌 면면의 모습 "닭에게도/ 세상을 밝히는 빛이 있다는 걸/ 가장 먼저 알아버린 사람"을 "거친 파도에 이리저리/ 부딪혀, 그 파도의 쩐맛을 오롯이 아는/ 사람, 바닷가 몽돌 같은" 짠물에 절여지고 나서야 세상 쩐맛을 안다는 비유를 통해 박병욱이라는 사람이 쩐맛의 달인임을 알려주고 있다.

평범한 한 사람이 음식의 달인이 되기까지 삶의 기록을 반영한다. 음식의 달인을 알게 된 감동을 자신의 반추 영역 안으로 끌어넣고 있다는 것은 그만큼 사람에 대해 신뢰하고 있음이며, 인류애가 소중함을 세상을 향해 형상화된 메시지이다.

> 하여, 방향 몰라 머뭇거리는 이웃에게
> 따스한 손을 내밀어주는 사람
>
> 박병욱 회장 그는 찜닭의 달인
> 멀리 날지 못하는 좌절에도
> 의욕을 불어넣어 주는
>
> 날이 밝기도 전에
> 바닥에서 홰치고 날아올라
> 어둠을 깨우는가
> ─「홰치고 날아오르는」부분

그런가 하면 몇몇 그가 거론한 인물들의 면면은 다양하다. 가야의 아들 조재구 씨는 아마도 행정가인 듯한데 "팔공산 마주한 앞산 밑에/ 오늘도, 백호 한 마리/ 대명천지를 밝히고 있다"고 했고 그를 일러 "철쭉꽃 만발한 만대산/ 새끼 거느리고 소리 없이/ 못물 가에 내려앉은 호랑이"로 묘사하면서 "윤슬로 번지는 따뜻한 온기/ 칭송은 밤낮으로 끊이지 않는다./ 가야의 지혜와 용맹으로 고령을 그리고/ 가야의 넓은 기품으로/ 백성을 품은 그를/ 사람은 원님이라 따른다"라고 한다. 또 한 분의 시는 「고래와 호흡하는 이종선 씨」인데 "거침없이 물살 가르며/ 헤엄쳐가는 세상의 그녀/ 그 치솟는 원동력은/ 한 마리 수염 푸른 고래다/ 광대무변의 고래의 혼이/ 흔들리는 바다를 그림 속에 옮긴다/ 꿈꾸는 그녀는 꿈틀댄다/ 건조한 대지에 푸우-푸/ 파잎 같은 물줄기 뿜어내며/ 오늘도 숨찬 고래 한 마리/ 심해의 비린내를 붓으로 찍어/ 커다란 화폭에 노래한다." 이분은 고래를 그리는 화가인 듯, 앞서 호랑이를 그리는 조재구 씨가 뭍을 그리는 화가라면 이분은 물(바다)을 그리는 화가로 읽힌다. 시인의 기호는 이렇듯 물과 땅을 아우르며 커다란 동선을 가진 화가

들과 소통하며 가깝게 지내고 있음을 알 수 있다.

  그의 시에 등장하는 가까운 인물들은 무궁화꽃을 떠올리게 하는 박근혜 전 대통령도 시로 깊이 있게 만나고 있음이 주목되고 시「나뭇가지에 앉은 새를 보며」에는 권오금 회장님께라는 부제를 달고 있다. 권오금 회장님을 구체적으로 묘사하고 있진 않지만 아마도 한복 연구가일 것인데 그 복장을 묘사함에 있어 "후박 나뭇잎 저고리로 기워입고", "날아갈 듯한 한옥 처마에/ 살폿 버선발 디디며 서 있는 모습"이 그의 외형에 대한 묘사이고 내면 묘사인 "자칫 눈을 의심케 하네// 이슬 먹고 피어난 들꽃 같은 그녀/ 허락 없이 내려앉은 새를 나무라지 않는 넉넉함", "툭 내뱉는 말 또한 옥구슬 같네"가 외면 내면을 온전히 한 편의 시에 인물 묘사로 담아내는, 대비의 시적 기교를 잘 보여주고 있다. 꽃에 비유한 인물을 묘사한 시 한 편을 소개한다.

    님은
    뜨거운 태양을 피하지 않는 무궁화입니다
    조국의 꽃입니다
    우아하고 덕성스런 깊이가 당당한
    이 나라 산하를 염려하듯 지천에 내린 뿌리

    하늘에 대하듯

님을 우러러봅니다

오르막 내리막 산책하며 바라봅니다
가슴 찡한 무궁화꽃입니다

단아한 무궁화꽃에서 발견합니다
박근혜님은 비바람 겪고 또 겪어
태양을 향하는 영롱한 꽃

오래도록 가슴 에입니다
－「보다, 무궁화꽃에서」 전문

 이 시는 많은 사람들이 이미 아는 박근혜 전 대통령을 국화인 무궁화의 아름다움에 비유해서 쓴 시이다. 한때 문단에서 박정희와 이승만을 쓴 시인들이 수난을 겪은 적이 있다. 이러한 사실을 시인은 알고 있는지 모르지만, 아무튼 시인은 자신의 감정이 이끄는 대로 주변을 개의치 않고 순수한 감정을 나열한다. 굳이 나열한 감정으로부터의 탈출을 염두에 두지 않는 직설의 화법에 가까운 문장을 구사한다. 이는 어찌 보면 T.S 엘리어트Eliot가 말한 현대시 창작 방법론을 자신의 시에 적용하지 않는, 그만의 화법일 수도 있다. 대상인 무궁화꽃은 꽃이 아닌 사람(박근혜)임을 고스란히 드러내 놓고 있다는 점에서 결국 그가 말하고자 하는 한

문장은 '오래도록 가슴 에입니다'일 것이다.

사람(인명)이 아닌 장소(지명)를 진술하고 묘사한 시들을 보면 우선 그가 태어나 눈뜨고 처음 마주한 고향의 지명에 눈길이 먼저 간다. 태어나 살아오면서 만나게 된 지명들과 그러한 장소들이 어떻게 그의 시 정신에 반추, 회고, 투영되는지는 그가 태어난 의성 금성산을 둘러싼 산운마을로부터 눈에 그려지듯 기록되고 있다. 금성산이 지닌 정기가 당당한 의성인으로서의 자부심을 가지게 하는 데 많은 영향을 미치고 있음을, 그의 지명을 넣은 시들을 통해 극명하게 드러나고 있다.

우선 중생대 백악기쯤 화산 폭발로 생겨난 금성산의 위용은 실로 대단하다. 우뚝 하늘을 찌를 듯한 봉우리가 사방으로 흘려놓은 굴곡들은 둘레에 수많은 저수지를 생겨나게 하였으며, 구름을 휘감는 산은 논과 밭을 비옥하게 품었다. 화산재가 버무려진 토지는 그 토질이 매우 좋아서 의성 일대에는 마늘을 비롯해 특수한 작물들이 재배되는 실로 옥토의 현장이라 할 수 있다. 과거 신라에 복속되긴 했지만, 과거 조문국이라는 부족 국가가 존재했었던 것도 좋은 산과 들을 가졌기 때문이리라. 용맹한 장군들이 목숨을 걸고 지켜 내려 했던 결기만큼은 의성인들의 뼛속 유전자로 전해지고 있는지도 모른다.

 금성산이 있고 국보로 지정된 목조 건물 양식을 일부 반영한 아름답기 그지없는 '의성 탑리 오층석탑'을 보면서 자란 시인의 성장 배경은 또 어떠한가. 짐작하건대 그의 성장기는 연조로 보아 대개의 그 시절 씨족들로 마을을 이루고 있었을 테고, 그곳에서 지엄한 예절을 몸으로 익히며 자랐을 것이다. 그가 고향을 떠나와 멀지 않은 대구에 터를 잡고 살면서도 그런 고향에 대한 자부심은 잃지 않으려 했던 것 같다.

 그의 시에 나타난 기억 속의 장소들을 보면 그의 시 「조문국召文國 가는 길」은 조문국의 후예로서의 어떤 자부심이 그대로 시에 녹아 있음이 저절로 보인다. "의성하고도 금성에 삼한시대의 부족국가였던 조문국의 흔적이 남아있다. 또 인류가 자리 잡기 훨씬 전인, 선사시대 이전의 공룡이 활개치고 주름잡던 흔적도 보인다. 그 길을 찾으려면 우선 지금은 인적조차 뜸한 간이역 탑리역塔里驛을 지나야 한다.// 탑리塔里란 국보 77호로 지정된 신라 오층석탑이 우뚝 서 있어, 탑리塔里라고 이름 붙여진 곳이다. 기적소리 울리면서 헉헉거리며 역으로 들어서던 증기기관차가 내뿜는 시커먼 연기가 지금 막 보이는 듯 착각하면서 그 길에 나 역시 흔해 빠진 시대의 산물인 승용차를 몰고 들어선다// 연륜이란 세월에 새겨진 나이테를 이름이던가. 그 연륜이 말해 주듯 장날이면 사람으로 붐비던 역이 연륜의 무게를 이기지 못하고, 견디어 내지 못하고, 지금은 간이역으로 떨어지고 말았다. 역사에 새겨진 열차 시각표에 읽어내리듯 하루에 한두 차례 지나가는 중앙선 무궁화 열차의 기적소리는 그 옛날 증기차의 기적소리보다 삭막하다// 열차가 들어와도 역사 안은 사람의 그림자를 찾기 어렵다. 문명이란 이름의 비늘조각은 정가로움이 가득 메워졌던 시골의 아름다움과는 이제 담을 쌓고 말았다.

  시끌벅적하던 풍경은 이제 그 어디에도 없다"라고 쓴 그의 고향시를 보아 알 수 있듯이 과거와 현재를 나란히 놓고 옛날을 그리워하고는 있지만 어쩌면 자신의 고향이 이런 예사롭지 않은 곳이라는 자랑을 은근히 하고 있음은 아닐까. 덧붙여 한 편을 더 살펴본다.

    태초에 하늘이 열리고
    공룡이 뻘밭을 산책하며 거닐던 곳

칠천만 년 전 중생대 백악기
제일 먼저 화산을 올려 천하에 알려진 곳

금성산 붉은 피 이어받은 피붙이는
벼슬에 벼슬을 거듭하여 우리를 찾게 하는 곳

소우당 운곡당 점우당 길목마다 산골마다
우국과 충절이 절절이 줄줄이 맺혀있는 곳

산과 구름이 조화를 이뤄 상서로운 기운이
집집마다 사람마다 정기로 이어지는 곳

비봉산 밑 후예들이 옹기종기 정을 나누며
각자 제 몫을 하며 핏줄처럼 이어지는 곳

아서라 아직도 끝이 아니다
금성산 다시 울 때까지 대를 이어 갈 것이다
— 「금성산의 후예」 전문

  지금은 휴화산이지만 언젠가는 "금성산 다시 울 때까지 대를 이어 갈 것이다" 당찬 의지의 결정을 단호하게 보여주고 있다. "벼슬에 벼슬을 거듭하여" "집집마다 사람마다 정기로" "각자 제 몫을 하며 핏줄처럼"이 주는 의성인의 어떤 각오 같은 게 물씬 느껴지는 문장이다. 실로 나라의 큰 인ㅅ들이 많이 배출된 것도, 시인은 고향이 주는 이 지역의 풍수적 요소로 인식하는 듯하다. 아무튼 그런 의성의 금성은 배산임수가 빼어난 고장임엔 틀림없어 보인다. 그런 금성의 '산운'이란 마을은 결국 그가 태어나고 자란 마을로 읽히는데, 따스하기까지 한 마을은 바로 품이면서 그를 오늘까지 잘 자라게 한 신성함도 갖고 있다. 산운 마을을 쓴 시인은 마을의 작은 개 한 마리까지도 인정스럽게 그려놓고 있다.

> 금성산의 품에서 자란 나무들같이
> 금성산 자락이 뿜어내는 푸른 들
> 그 빛깔같이
> 나의 청년 시절은 오직 단호했다
>
> 조문국 그 넓은 품에서
> 작약꽃 같은 정열로
> 내 청춘의 한 시대는
> 수정사 계곡물처럼 청아했다
>
> 금성산을 오르내리며 단련된 정신
> 딴딴한 산 같은 뚝심을
> 힘차게 밀며 정의를 향해 나아감에
> 꺾이지 말자 다짐했다
>
> ―「품」전문

인류가 태어나기도 전에

주인이던 공룡들이 춤추던 땅

참 아름답고 평화스러운 곳 산운

조문국 경덕왕이 말 달려가던 이곳엔

흙에 공룡알 냄새 배어있다

산등성이에는 달그림자 배어있다

개울 위 물뜸이엔 머흘대는 구름

풀뿌리엔 향수가 젖어있다

사람들에게서는 인정이 배어 나온다

지금은 산도 들도 개울도 침묵 속에 잠겨 있다

세월의 무게를 어쩔 수 없었나 보다

마을 어귀에서 삽살개 한 마리가

반가이 꼬리를 흔들어 반긴다

여기가 내 고향 산운이다

-「산운」 전문

4

고향을 다룬 시들 못지않게 터 잡고 현재 살고 있는 팔공산 너머 대구라는 도시의 풍광 중 시인이 특별히 애착을 가지는 곳 〈팔공산〉, 〈범어공원〉, 〈범어천〉, 〈수성못〉, 〈고모역〉, 〈청도〉, 〈고모령〉, 〈달성공원〉이 시 속에 종종 등장한다. "청도"는 아마도 아내의 고향인 것으로 읽히면서, 시인과의 어떤 생활 반경의 관계성 속에서 나름의 의미가 된다. 경험과 무관하지 않게 묘사 혹은 이야기를 담으면서 독자들에게 친숙하게 말을 걸고 있다. 자신이 살고 있는 지역을 시로 쓴다는 것은, 결국 자신을 통해 외부 세계에 알리는 값진 노력일 수도 있다. 그중 두 편을 살펴본다.

범어공원 숲길을 빈 마음으로 걷노라면
아리고 완숙한 향기가 손을 잡고 따라온다

지친 마음을 다독이며 맥문동이 하늘거린다

내 집 가까이 있어서 큰 부자가 된 나는
자작나무를 쓰다듬으며
하늘에게 감사 드린다

나무 벤치에 앉으면 콧노래가 걸어오고
새들이 포르릉 날아와서 추임새를 넣어준다

그럴 때면 나 여기 공원에서
풀잎처럼 푸릇푸릇 다시 살아난다
- 「범어공원」 전문

변변한 쉼터가 없던 시절
잔잔한 물가에 앉아
발을 담그면 사알짝 간질여 주던 너
하여 좋은 벗이 되어 주었지

그 둔치에서
우리는 사랑의 밀어를 주고받았었지
그가 밀어가 익을 즈음
너는 우리들의 안식처

놀이터 쉼터가 쏟아져
내린 지금에야, 너는 우리 가슴 깊은 곳의
아른한 향수 속에 자리한
영원한 리베로여라!

엄마의 품처럼 아름답고 포근한
그 이름 수성못
- 「수성못 연가」 전문

   대구 지역 그것도 수성구를 노래한 두 편의 시는 매우 인상적이다. 자신이 거주하는 집이 있는 가까운 거리에 아마도 범어공원이 있는가 본데, 시인은 그 공원의 산길을 걸으며 복잡한 생각을 정리하고 시를 구상하기도 하는 것 같은데, "빈 마음으로 걷노라면/ 아리고 완숙한 향기가 손을 잡고 따라온다"는 표현에서 '아리다'는 촉감적인 단어에 '완숙함'이라는 무르익은 상태를 나타내는 말을 연결하면서 범어공원 숲길의 특징을 동시에 드러내고 있다. 맥문동이라는 식물이 지닌 맛이 아린 것인지는 모르겠으나, 그 길가에는 맥문동이라는 약재이면서 조경에 많이 활용되는 식물이 등장하고 있다. 공원이 그 누구의 소유도 아닌 걷는 자, 즉 자신의 소유라는 데서 '큰 부자가 된 나'를 만나고 있다는 엄살을 부려보기도 하면서 정신적인 어떤 만족을 느끼고 있다.

이는 욕심을 버린 시인의 또 다른 소탈함은 아닐까? 나무 벤치가 있고 포로롱 날아와 추임새를 넣어주는 새까지 있으니, 시인은 파릇파릇 공원에서 살아나는 것이다.

이번에는 산이 아닌 물을 '수성못'에서 만나기도 한다. 수성구의 아니 대구의 명소인 수성못을 연가로 노래하는 애향의 마음은 지극하다. 동시에 매우 깊은 역사 속 과거와 현재를 수성못이라는 물거울에 동사에 비춰내고 있다. 유년이 거기 있고, 익어 가는 사랑이 거기 있으니, 수성못은 엄마의 품처럼 아름답고 포근한 장소라는 그의 논리가 나름의 설득을 얻고 있다.

이 밖에도 의료기관인 〈곽병원〉, 대구·경북의 대표적인 술 브랜드인 〈금복주〉, 한정식으로 알려진 맛집 〈삼천궁〉, 옛 화랑들이 머물던 토성 〈달성공원〉, 옛노래의 배경이 되는 〈고모령 역〉, 밥 따로 국 따로 나와서 먹는 자의 선택폭이 넓은, 어쩌면 국에 말아서 나오는 국밥보다는 왠지 격을 갖춘 〈따로국밥〉은 코로나19로 인해 고생하는 모든 사람들을 위로하는 따뜻한 국밥이다.

당시 KBS 9시 뉴스에 소개된 그의 시에서 새로운 의미가 되면서 대구를 널리 알림은 물론 '따로'가 주는 말의 재미가 국밥에 특별함을 부여하고 있다.

> 사회생활 하면서 처음으로
> 알게 된 금복주
> 두근거리며 만난 짝꿍처럼
> 온몸이 화끈거렸지
> 용기가 부족할 땐 용기를 주었고
> 절망에 주저앉을 때는
> 희망을 가슴 가득 부어주었지
> 눈이 펄펄 올 때도
> 비가 주룩주룩 내릴 때도

금이 들었고, 복이 가득 찬
금복주 한 잔

오늘은 달이 둥실 밝아서
아,
아무래도 그냥 자기는
틀렸다
                    -「달술-금복주 1」전문

얼큰한 국밥 한 뚝배기 드시고 가이소!

어둠 속을 휘돌아온 절망을 거뜬히 넘어선 당신께
국물이 진국인 국밥 한 뚝배기 권하고 싶어요

얼큰한 국물에 밥 말아서 후룩 후르륵 넘기고 나면
아무것도 두렵지 않아요, 힘이 불끈 생길 뿐
                    -「따로국밥」전문

 소소한 일상의 소중함 그리고 반성의 매개물로 자연 또는 서정성을 문학의 그릇에 담아낸 시인의 시들은 다분히 고정된 시점에서 바라본 대상이거나 현상으로 담백함을 기본으로 한다. 심리의 복잡성이 배제된, 에두르지 않고 직설적으로 진술된 시인의 시들은 난해하지 않다. 시를 읽는 독자들에게 별다른 해설이 필요 없을 그런 시들이다. 그렇다고 지나치게 화려한 수사도 쓰지 않으면서, 동시에 현학성도 배제한 생활언어 혹은 소탈한 일상어로 시 쓰기의 한 전형을 잘 보여주고 있다.

> 골골이 내리뻗는 산맥은
> 늙은 호랑이 등줄기 무늬 같지만
>
> 밀양 얼음골 뿜어내는 냉기는
> 오랜 세월이 할퀸 아픔이다
>
> 누가 내 상처를 저기에 새겨 놓았나!
> 보는 눈이 시려와 더는 볼 수 없음이
> 또 다른 아픔인가
>
> 넘어온 만큼 넘어가는 구름은
> 언제 저 깊은 상처를 메워줄까
>
> 수술로 갈라놓은 허벅지
> 살점 패인 시커먼 상처를
> 억새는 언제쯤 흰 연고 발라줄까
> ─「아픔이 또 아픔으로」 전문

아마도 시인이 쓴 이 시의 모티브 혹은 배경을 유추해 보면 밀양 얼음골에서 언양으로 넘어가는 굽은 길모퉁일 것이다. 제법 그럴싸하게 자리 잡은 포장마차는 이곳을 지나는 사람들을 멈춰 세우고 잠시 쉬어 가게는 하겠지만 큰 안목으로 본다면 본래의 경치에 상처를 만든 건 아닐까. 시인은 지금 자신이 호랑이 등을 닮은 산맥의 입장에서 자연 파괴의 안타까움을 우회적 언술로 표현하고 있다고 보여진다.

특히나 넘어오고 넘어가는 고갯마루에 걸린 구름을 치유의 연고 즉 구름이 비를 뿌려 줌으로 해서, 무성해진 억새가 인간들이 파헤친 자연을 활짝 핀 꽃으로 메워주면 좋겠다는 어떤 소망이 매우 정겹게 느껴지는 친환경 시로 읽힌다. 다시 말해서 시인의 시를 생각하는 바탕은 이처럼 맑다는 것이다. 시집 속의 또 다른 맑음의 시들은 앞으로 詩作 활동을 함에 있어, 어떤 원동력이 되어 주리라 생각한다.

지금까지 살아오며 관계를 맺어왔던 고향 그리고 제2의 고향인 대구를 둘러싼 여러 지명 장소들을 이번 시집으로 오래된 곳간 비우듯 털어버리고 뚝심과 배짱을 충분히 보여주었으니, 이제는 순수한 감성을 바탕으로 「까치밥」, 「낮달」, 「늦사랑」, 「능소화」 같은 시들이 꿈꾸는 세계를, 형상화를 통해 거듭 발전시켜 가기를 기대해 본다.

하늘도 높푸른 늦가을
가지 끝에 남아
몸을 익히는 홍시
보기만 해도
군침이 돈다

까치밥으로 남겨둬야 한다는
어른들의 사랑에
더욱 달콤하게 익어 가고

장대로 꺾어 먹어 보니
어느 하늘 아래 살고 있을
내 첫사랑
그녀 입술이다

-「까치밥」 전문

걷다가
수성못에 빠진
달을 보다가
올려다본 하늘에
말간 낮달 하나

두 개의 달이
마주 보고 있음을 알았네

눈에 쏙 들어왔네

꽃피던 그 시절
첫사랑 해맑은
그녀도
달 속에서
출렁거리고 있었네
                    -「낮달」전문

헬렌 켈러의 맘을 울렸던
노을, 그 붉음을 두고
나는 불구경하듯 했다
푸른 백지에 그린
금빛 언저리 흔적
심장을 그리던 그림을 멈추고
붓 놓는 손을
화가는 하늘에 씻고 있나
날마다 머릿속 자욱이
죄여 드는 햇살이
나를 목마르게 하더니
태우고 남은 불꽃
뜨거운 눈빛들 모아
가마솥 같은 하늘 바닥을
다시 달구고 있다
                    -「늦사랑」전문

너는 화사하게 그냥 거기에 있어라
꺾진 못해도

보는 것만으로도 이미 너는 빛부신 꽃

한 계절 눈으로만
음미하다 놓쳐버린 그 꽃
꺾고 싶을 때 꺾어버린 꽃보다
훨씬 우월하다고, 말할 수 있나

능소화 따라가며
발로 이마로 꺾어버린
옛 담장 사이 골목길
추억들 생각하며
회한, 아련함 속에 잠긴다

- 「능소화」 전문